AUX ELECTEURS

ET AUX CHAMBRES

SUR LA SEPTENNALITÉ,

Par L. B.,

AUTEUR DE QUELQUES ÉCRITS POLITIQUES.

PARIS,

CHEZ PONTHIEU, LIBRAIRE, PALAIS-ROYAL,

ET CHEZ LES MARCHANDS DE NOUVEAUTÉS.

14 Février 1824.

AUX ÉLECTEURS

ET AUX CHAMBRES

SUR LA SEPTENNALITÉ.

La septennalité a peine conçue, avait trouvé tant d'adversaires et si peu de défenseurs ; le ministère hésitait tellement à la mettre au jour, qu'il était permis de penser qu'elle ne le verrait pas, et que ses auteurs effrayés de cette foule de contradicteurs, sortis, pour les combattre, des rangs les plus opposés, renonceraient pour cette fois, aux honneurs de la paternité. Il n'en a point été ainsi ; après beaucoup de tâtonnemens, d'intrigues, de transactions, après avoir éloigné certains personnages embarassans, rayé du tableau des présidences quelques amis pacifiques, pour y porter quelques ennemis turbulents ; après avoir sondé, mesuré, pesé, calculé la matière électorale, on s'est décidé. Les Ministres armés de brevets, de révocations et de circulaires, ont jeté le gant à la France ; ils se trouvent bien où ils sont. Il paraît que le ministère est comme l'île de *Calypso*, dès qu'on y est on n'en veut plus sortir.

On dirait que nos ministres ont de funestes pressentimens ; il paraît qu'ils ont peur d'être obligés de déloger, puisqu'ils demandent une prolongation de bail ; ils nous assurent pourtant qu'il n'en est rien, que ce n'est pas pour leur bien être particulier, mais pour le bonheur général qu'ils veulent la septennalité ; que rien enfin ne saurait égaler leur bonne foi et la pureté de leurs intentions ; ce cas étant, si les motifs pour lesquels ce ministère veut la septennalité, motifs qu'il a eu soin de mettre au jour dans un écrit attribué à l'un de ses principaux membres venaient (1) a être victorieusement combattus, le ministère reviendrait certainement sur ses pas, puisqu'il est de bonne foi. — Il ne voudrait pas soutenir un édifice dont on aurait renversé la base.

____

(1) La brochure dont je parle, ne porte pas le nom de M. de Chateaubriand, mais elle a été à peu près avouée par lui ; les journaux de toutes les couleurs et même les journaux ministériels la lui ont attribuée. Les dernières phrases de cette brochure ne laissent, au surplus, aucune incertitude sur le nom de son auteur.

Ce serait donc faire une chose utile à tous , que de peser loyalement les motifs justificatifs de l'innovation projettée ; ce serait rendre un service au pays dont on menace les libertés en menaçant la charte qui les a consacrées, au Roi, dont on attaque l'ouvrage, dont on semble vouloir flétrir la gloire, au ministère lui-même , qui s'estimera sans doute heureux d'éviter l'écueil sur lequel il semble vouloir nous précipiter avec lui, car je suppose toujours qu'il agit de bonne foi , et qu'il demande la septennalité comme il nous l'assure, *non pour son bien être particulier , mais pour le bonheur général.*

Ce n'est pas sans peine que ma raison a pu vaincre un certain préjugé d'admiration qui s'était établi dans mon esprit en faveur du célèbre écrivain que je me propose de refuter ; j'ai long-temps, mais en vain, cherché dans son opuscule sur la septennalité, cette force de pensées, cette justesse de raisonnemens que j'ai souvent admirée dans ses brillantes compositions; sans doute le génie répugne a jetter ses feux sur l'erreur, heureux de servir de flambeau à la vérité, il s'embellit de tout l'éclat qu'il lui prête.

SUR LA SEPTENNALITÉ.

Si l'on eut dit, il y a dix ans : « le Roi sera rendu
» à la France, il lui donnera spontanément une
» charte qu'il jurera pour lui et ses descendans,
» qu'il fera jurer par sa famille; dont il confiera le
» dépôt à la garde nationale, à l'armée et à tous
» les citoyens ; cette charte bientôt après sera
» déchirée et proscrite par ceux qui se disent
» *royalistes*, elle sera défendue et protégée par
» ceux qu'on nomme *révolutionnaires*, » aurait
on cru à cette prédiction ?

C'est pourtant ce qui est arrivé, mais pourquoi
cela est-il arrivé ?..... parceque dans la charte on
ne trouve que le Roi et la nation , et comme il est
certains royalistes qui ne se croient pas dans la
nation , mais au-dessus d'elle, ils ne se sont pas
trouvés dans la charte, et ils ont juré sa perte. Pour
moi , Français avant tout, je veux défendre contre
leurs défenseurs naturels, les institutions que le
Roi a données à la France; appelé à jouir des bien-
faits de la charte, je ne saurais rester insensible
aux dangers que veulent lui faire courir des hommes
qui combattirent sous son égide...... mais alors ils
n'étaient pas ministres.

Les principaux argumens émis jusqu'à ce jour,

soit contre le système actuel, soit en faveur du système proposé, étant développés dans la brochure officielle de M. de Chateaubriand, je n'ai rien de mieux, sans doute à faire, pour soutenir l'un, et combattre l'autre, que de suivre dans sa marche, l'auteur de cette brochure. C'est ce que je vais essayer.

L'écrivain Ministre commence par une tendre et sentimentale allocution à ses anciens amis, aux hommes *introuvables* de 1815, des *doctrines desquels il se vante d'être l'héritier.*

Méchans que vous êtes, leur dit-il, ou a peu près, convenez *qu'il y a un peu d'injustice et d'ingratitude a environner de soupçons des hommes honorables ;* c'est oublier bien vite les *sacrifices.....* nous sommes royalistes et très-royalistes, nous vous le prouverons, en attendant nous vous en donnons notre *parole d'honneur ;* nous n'avons jamais *composé* avec les Cortez, comme vous nous en avez accusé (1) ; pouvez-vous bien nous croire assez ennemis de nous-mêmes pour nous supposer l'intention de vous renvoyer! ce n'est point aux

____

(1) Le ministère a traité pendant trois ans avec les Cortez ; il leur a fait des propositions qu'elles n'ont pas acceptées, offert un ultimatum qu'elles ont dédaigné; on a traité pendant et même après la guerre avec les généraux commandant les troupes constitutionnelles ; et le ministère se disculpe d'avoir composé avec les Cortez !

hommes que nous en voulons, mais aux *choses....*
et pour preuve, nous vous nommerons tous présidens de collége, et partout députés (car sans cela notre promesse serait illusoire), nos mesures sont prises, nous voulons que la France nomme de bons représentans, et pour être plus sûrs de notre fait, nous tâcherons de les nommer pour elle ; car vous pouvez bien croire que si nous lui prodiguons des éloges ; si nous disons qu'elle est toute royaliste, toute sage, toute éclairée, c'est par pure politesse : aussi nous ne nous fions pas à elle, et nos préfets, nos maires, nos juges de paix, nos receveurs généraux, nos gardes champêtres, nos gendarmes, voilà notre France, voilà notre matière *élisante ;* c'est pourquoi nous sommes fort tranquilles ; partez donc, et dormez en paix : nous ne vous renvoyons que pour avoir le plaisir de vous voir revenir, nous cassons la chambre pour faire rafraichir ses pouvoirs et voilà tout. Ce tendre langage, ces douces promesses ont produit une bonne partie de l'effet que s'en promettait sans doute le ministère, la petite opposition s'est appaisée ; la question des *choses* lui tenait peu au cœur, et l'avoit rassurée sur la question des *hommes*, c'est de la part du ministère, un coup d'adresse qui prouve que leurs excellences connaissent à fond ce parti là...... Mais la France ratifiera-t-elle les promesse ministérielles ; négligera-t-elle l'occasion peut être unique, de resaisir ses institutions défaillantes, d'arrêter

la contre révolution qui la menace, de retenir ses libertés prêtes à s'enfuir! Espérons, et laissons à l'avenir, le voile qui le couvre ; on nous accuserait de vouloir jeter dans le champ ennemi, la pomme de discorde , soin que nous préférons laisser à l'ambition qui saura , sans doute, diviser le pouvoir et la faction qui le maîtrise , et doubler ainsi les chances de succès qui restent aux véritables amis de leurs pays.

S'il faut en croire M. le Ministre des affaires étrangères , on renvoie la chambre afin d'avoir des députés d'une même élection, auxquels on puisse présenter la septennalité.

Mais est-ce pour aller chercher des mandats spéciaux que vous renvoyez les représentans ? non puisqu'il n'en est par dit un seul mot , dans l'ordonnance de convocation ; c'est dans ce cas seulement, que la dissolution eut été conséquente avec sa cause avouée , mais puisqu'il n'en est pas ainsi, ce coup d'état est encore à motiver. Les nouveaux élus , dussent-ils d'ailleurs , recevoir des pouvoirs spéciaux, à l'effet d'adopter la septennalité (ce qui n'est pas), ils ne sauraient apporter plus de *droits* que ne peuvent leur en confier les électeurs auxquels la charte n'a permis de nommer des représentans que pour cinq années ; ainsi les nouveaux députés reviendront avec un mandat de cinq ans ; — et quoi qu'il arrive ils ne pourront siéger plus long-temps en cette qualité, car une loi peut bien régler le mode d'élection, tout ce qui tient à l'exercice du droit, mais elle ne peut conserver ce droit uniquement et exclusivement inhérent à la volonté exprimée des électeurs eux-mêmes; — Le mandat éteint, le mandant seul peut le renouveller. Toutes les lois du monde ne sauraient faire un *représentant*, et ce serait en faire un que de proroger de deux ans son existence; il faudra, si la nouvelle chambre adopte la septennalité, la congédier et procéder à de nouvelles élections, en vertu de la nouvelle loi ; sans cela, nous cesserons au bout de cinq ans d'être représentés ; la charte et le gouvernement constitutionnel se trouveront anéantis. La nation ne prendra plus de part à la confection des lois, et si le palais législatif continue à être occupé, il le sera par une réunion d'hommes sans titres, par un second sénat, par un double de la chambre haute, mais dans aucun cas possible, par une chambre de représentans. Tout cela est fort juste, me répond-on, si vous vous en tenez rigoureusement à la charte, mais tout n'est pas également sacré dans cet acte, il faut distinguer.... Je vous entends ; *diviser c'est régner ;* c'est pour régner sur notre pacte fondamental, ou ce qui est la même chose , pour l'anéantir que vous avez imaginé de la diviser. — Trop souvent on fit des cathégories pour les hommes, on n'en avait pas encore fait pour les articles d'une constitution; il y a un commencemens à tout. Le ministère divise donc la charte en articles *fondamentaux* qu'il proclame inviolables, et en articles *réglementaires*, modifiables, dit-il, d'après cette axiome anglais : *Le parlement peut tout.*

Une semblable distinction est un arrêt de mort. La charte comme toute autre constitution, bien que composée de parties, n'en est pas moins un tout ; si ce tout peut être violé dans une de ses parties, il perd son caractère d'inviolabilité ; condition nécessaire de son existence ; car quelle force lui restera-t-il à opposer au pouvoir qui se sera arrogé le droit de couper à ce corps politique tel membre qui lui aura paru dangereux ou inutile. Qui a droit sur les membres a droit sur la tête.

Pour mieux faire sentir le danger du principe ministériel, il suffit d'en déduire la conséquence ; c'est ce que je vais faire.

M. de Chateaubriand, nous accorde que l'article qui consacre l'existence de la chambre élective es un article inviolable même pour les trois pouvoirs réunis. M. de Chateaubriand, prétend au contraire que la loi qui fixe le mode de l'élection et la durée des droits qu'elle confère, n'a rien d'inviolable et peut être modifié. S'il en est ainsi, on peut de modifications en modifications, successivement métamorphosées en lois, restreindre le droit électoral, aux éligibles ; le conférer aux préfets, aux maires, doubler, tripler, quatrupler, centupler le cens nécessaire à ce droit ; — donner à telle classe d'électeurs , huit , dix , quinze , vingt, trente voix ; car lorsqu'on peut en avoir deux on peut en avoir mille..... quand vous aurez obtenu toutes les modifications qui, selon vous peuvent être faites et qui trouveront toujours leur justification dans votre principe, quand vous aurez des députés, nommés par les préfets, les maires, les receveurs-généraux..... aurez-vous une chambre de représentans?..... Non, je vous estime trop pour attendre une autre réponse ;...... vous aurez donc anéanti un article que vous déclarez inviolable ; vous voyez donc que la forme touche de si près au fond, que vous ne pouvez violer l'un sans l'autre...... Si donc votre respect pour les articles *fondamentaux* est sincère, étendez ce respect aux articles que vous nommez *réglementaires.*

Avec votre principe je me charge de détruire pièce a pièce , la charte, car dans cet édifice admirable , tout se lie, tout se coordonne; telle pierre qui vous paraît inutile , en soutient une autre indispensable , n'avez-vous pas dit vous-même : *La charte sera un jour confisquée au profit de l'article* 14 ; or les dernières dispositions de cet article sont des dispositions réglementaires ; vous voyez donc que vous avec proclamé vous même la vérité que nous soutenons.

Si pour l'éplucher à votre aise, vous abaissez la charte jusques à votre portée, vous la placez sous la main de ceux qui vous remplaceront bientôt peut être ; ceux-ci trouveront à leur tour, quelque chose à y retoucher ; il en sera de même de leurs successeurs ; tel ministère rangera l'article qui consacre l'existence de la chambre élective dans les articles reglémentaires, tous les autres subiront successivement le même sort, de façon qu'après deux ou trois révolutions ministérielles, il ne restera plus rien de l'œuvre royale ; on l'aura tuée à coups d'amélioration ; et ce corps sorti magnifique des mains de son royal créateur, une fois atteint par le scalpel ministériel, ne sera bientôt plus qu'un cadavre placé dans le laboratoire politique de nos hommes d'état, pour servir aux expériences de ceux qui s'y succèdent si rapidement.

On m'objecte que l'inviolabité d'une constitution qui ne saurait être parfaite, car elle est l'œuvre de l'homme, est un obstacle à l'amélioration...... J'en conviens, mais qu'elle institution ici-bas, n'a pas son côté faible ! contentons-nous du bien, car comme on l'a souvent dit, le mieux est son ennemi.

Mais, dites-vous encore, cette charte que vous défendez avec tant de chaleur, a été successivement violée par tous les partis, quand ils ont jugé à propos de le faire. Sans examiner jusqu'à quel point cette accusation est fondée, nous demanderons au ministère, s'il y a convenance et loyauté à présenter de semblables justifications..... Quoi ! vous prétendez que vos dévanciers faisaient *fausse route*, et vous

vous autorisez de leurs exemples; si l'on a fait *fausse route* en violant la charte, vous devez donc la respecter pour éviter un semblable reproche.

La violabilité de la charte ainsi prouvée, M. de Chateaubriand passe aux objections contre le renouvellement partiel; si vous le conservez, dit-il, « il » faut ôter la prérogative royale, car ses deux » facultés sont contradictoires; » contradictoires, Monseigneur, et le 5 septembre de M. de Cazes, et votre 23 décembre! quoi dans sept ans, nous aurons compté deux dissolutions...... La presque totalité des députés élus par cinquième, aura été atteinte par la prérogative royale, et on nous dit que le renouvellement partiel et cette prérogative ne peuvent exister ensemble! mais si une dissolution naturelle ne peut sans contradiction exister avec le droit de dissolution réservé à la couronne, il ne faut pas proposer la septennalité, mais bien la perpétuité, car la septennalité est aussi une dissolution naturelle.

Autre objection : la chambre partielle s'éternise, ce système en fait une seconde chambre de pairs: singulière accusation! tantôt vous vous plaignez du mouvement perpétuel qui agite la chambre élective et ne vous laisse ni temps, ni repos; tantôt vous l'accusez d'immobilité; là c'est un tourbillon furieux qui emporte tout dans sa rapide rotation.... ici c'est le calme plat d'une chambre éternellement stationnaire !

(15)

Dissoudre une chambre partiellement renouvellée, ce n'est plus selon vous qu'un coup d'état;—mais sera ce donc autre chose, quand vous dissoudrez votre chambre septennale! le coup d'état, dans ce dernier cas, ne sera-t-il pas plus violent, puisqu'il anéantira des pouvoirs d'une plus grande durée, puisqu'il détruira plus de droits acquis? La prérogative royale, court risque, dites-vous, de tomber en *désuétude* comme le *Veto d'Angleterre*, parce-que la dissolution avec le système du renouvellement partiel, *est sans raison*...... Eh! de grâces qu'attendez-vous de la septennalité? du calme, du repos, une complette uniformité de vues, de sentimens, d'opinions, une espèce d'homogénéité d'élémens entre le gouvernement et les chambres. Mais c'est bien alors que la dissolution *sera sans raison*, c'est bien dans ce cas que le droit de dissoudre devra tomber en *désuétude*, c'est bien par un système semblable, que vous condamnez l'initiative royale *à la mort* si elle ne fait pas usage de la dissolution, à *l'absurdité* si elle l'emploie contre une chambre avec laquelle vous marcheriez d'accord. En conservant le système d'aujourd'hui, on n'est selon vous, jamais sûr d'une majorité, et conséquemment souvent dans le cas de dissoudre *avec raison et sans absurdité*, mais avec la septennalité qui doit amener entre vous et les députés, une paix et une harmonie parfaites, que deviendra l'initiative royale, puisque suivant vous, la laisser dormir, c'est la tuer ! *vous aurez changé la monarchie en aristocratie.*

Et ne venez pas me dire : l'article 37 ayant été violé par l'ordonnance du 17 novembre 1816, pourquoi ne souffrirait-il pas une nouvelle atteinte ?.... non l'article 37 n'a pas été violé par l'ordonnance du 17 novembre 1816 ; cette ordonnance a écrit une phrase qui était nécessairement sous entendue dans l'article 37 ; je dis nécessairement et ce n'est pas sans dessein, car dans la supposition contraire, l'article 37 ne serait plus qu'une absurdité puisqu'il renferme deux dispositions contradictoires, et je ne pense pas qu'un ministre du Roi veuille soutenir cette supposition ; l'ordonnance qu'on nous oppose est un commentaire et non une correction de la charte, elle est explicative et nullement réformante, — car on m'accordera sans doute, qu'une réforme à la charte, n'est pas de la compétence d'une ordonnance, à moins qu'on ne pense comme la quotidienne, qui nous annonçait naguères, que le Roi *qui nous a donné* la charte, peut la *reprendre* à son gré ; la quotidienne aurait du dire *qui nous a prété,* car ce qu'on *donne* ne peut pas se *reprendre.*

---

(1) L'article 37 est ainsi conçu : les députés seront élus pour cinq ans, de manière que la chambre soit renouvellée chaque année, par cinquième.

Au surplus et pour revenir à la question, il y avait dans cette circonstance, nécessité physique de *violer* la charte ; si l'on veut appeler cela une *violation* ; il fallait opter entre deux dispositions contradictoires ; en est-il de même pour la septennalité ? non sans doute : pourquoi donc venir comparer deux circonstances si dissemblables, et justifier une fantaisie par une nécessité ?

Voyez l'Angleterre ; nous dit-on, son repos, sa prospérité, datent de l'époque à laquelle elle a adopté la septennalité ; on a déjà répondu et avec raison que les Anglais n'ayant jamais connu le renouvellement partiel, n'étaient pas placés pour juger si ce système était ou non préférable à celuiqu'ils ont adopté ; et d'ailleurs telle institution convient à un peuple, qui ne saurait nous convenir. Vous ne voulez pas qu'on vous oppose les résultats du renouvellement intégral de nos premières assemblées constituantes, et vous venez nous citer l'exemple d'une nation voisine ; nous ne sommes plus en 1789, dites-vous, mais nous ne sommes pas en Angleterre, et quelque soit la différence qu'on puisse remarquer entre les Français de 89 et ceux de 1824, elle est moins grande à coup sûr, que celle qui existe entre nous et nos voisins d'outre mer.

La révolution, chez eux, est fille de l'aristocratie ; en France, elle est son ennemie. Quelle que soit la di... des pouvoirs de la chambre des communes, les libertés anglaises sont en sûreté dans son sein..... En est-il de même chez nous ? Il est dangereux et impolitique de placer les hommes entre eux et l'état, entre leurs devoirs et leurs passions; et ne serait-ce pas ce qui arriverait si, en France, nous donnions une existence politique de sept ans à une chambre qu'on veut composer d'hommes auxquels la révolution a enlevé des titres, des honneurs, des prérogatives, des privilèges, et peut-être même des propriétés?....... Un semblable danger menace-t-il les Anglais ? Non..... C'est précisément pour cela que le système qui leur convient, peut avoir chez nous les plus déplorables conséquences.

L'élection annuelle est, selon vous, une fièvre périodique qui s'empare de la France chaque année, la tourmente et l'agite; et pourtant cette France, à vous entendre, est forte et robuste; elle est dans une veine de prospérité... Qui nous a donc conduits à cet état de santé, à ce faîte du bonheur ? la fièvre électorale, le système actuel: si c'est avoir la fièvre, ô mon pays ! que d'être heureux, fort et robuste, je t'en souhaite longtemps une semblable... Qu'ils songent, les imprudens qui veulent te guérir; qu'ils songent à la responsabilité qu'ils assument sur eux.... Le Roi leur confie un pays libre, prospère et robuste; ils le proclament eux-mêmes; pourquoi donc changer sa manière de vivre ? Si leur expérience ne réussit pas ; si la France vient à sortir foible et débile de leurs mains, leur honte, leurs remords pourront-ils réparer les maux qu'ils nous auront fait?

Quelle fatalité entraîne nos hommes d'état! Ils proscrivent un système auquel ils proclament que nous devons la vie et le bonheur ; ils brisent l'instrument avoué de notre salut, ils mettent en pièce le navire qui nous a conduits heureusement au port, pour nous embarquer sur une planche *inessayée*, dont l'ombre leur arrive des bords de la Tamise ; ils viennent nous offrir des chances désastreuses, sans espoir de compensation, et cela sous prétexte qu'ils ont trop de peines, trop de fatigues à nous gouverner avec la charte, telle que le Roi l'a faite. Les élections ne leur laissent pas un seul instant de repos ; c'est le sillon annuel qui boit toutes leurs sueurs ; les élections !.... Qui ne connaîtrait du système représentatif que la théorie, comprendrait difficilement de semblables doléances, persuadé que les élections sont et doivent être la besogne du peuple, il ne concevrait pas qu'elles puissent absorber le temps et les soins de leurs excellences au point de les forcer à s'écrier naïvement : « Il n'est qu'une seule chose et qu'une » seule affaire en France, les élections ; cela est-il » tolérable? » Il y a, selon moi, du courage dans cet aveu ; il est donc bien vrai qu'en France, on se familiarise avec tout! En 1815, on faisait peut-être bien comme aujourd'hui, mais on n'osait pas encore l'avouer.

Parlons franc et net, c'est ce qu'il y a de mieux à faire par le temps qui court ; honni soit qui redoute la vérité, et s'amende qui se sent blessé par elle. L'élection est-elle une singerie ou un droit ? Si c'est un droit, à qui appartient-il ? A la nation, aux électeurs. Pourquoi donc, hommes du pouvoir, venez-vous entraver l'exercice de ce droit ? Dès que les vôtres semblent courir le plus mince danger, vous jettez les hauts cris, et vous avez raison ; mais si vous venez attenter à l'unique pouvoir qu'on nous ait donné, il nous faudra bien crier aussi. Si vous voulez vous mettre à notre place, donnez-nous la vôtre ; si vous vouler nommer nos députés, laissez-nous nommer vos pairs. Les élections nous appartiennent, et vos efforts, pour vous en emparer, sont injustes et coupables : loin pourtant d'en rougir, vous venez vous plaindre à la France elle-même de la peine que vous êtes obligés de vous donner pour lui ravir l'exercice de ses droits. Vous demandez, pour alléger vos coupables fatigues, une infraction fondamentale au pacte sacré que vous avez juré de respecter, comme si l'on pouvait justifier le parjure par l'injustice. On *menace* les villes et les provinces rebelles du ressentiment dn Gouvernement ; on proclame que pour être faite, justice devra être réclamée par le protégé du ministère. . . . . Si un collége électoral, une ville, un département demandaient tel maire, tel préfet, et *menaçaient* le Gouvernement de refuser l'impôt si leur demande était rejetée, que diriez-vous? Ces *menaces* seraient coupables, très-coupabless, j'en conviens; mais les vôtres, je vous le demande, sont-elles innocentes? Si c'est crime d'attenter au droit du trône, ce doit être crime d'attenter aux droits du peuple, à moins que seuls ils puissent être foulés aux pieds et impunément méprisés. Ce n'est pas sérieusement, sans doute, qu'on a dit que la *démocratie coulait à pleins-bords;* la démocratie est circonscrite dans le cercle électoral, et le ministère, non content de s'emparer de ce dernier asile, se plaint de la peine qu'il éprouve pour y pénétrer.

Ainsi, s'écrie le ministère, vous voulez que nous nous laissions bénévolement désarmer! ainsi, nous regarderions avec indifférence l'opposition forger, les armes avec lesquelles elle s'apprête à nous combattre.

Entendons-nous bien : qu'est-ce que l'opposition? Les députés qui ne votent pas avec vous, les hommes influens, soit par leur fortune, soit par leurs lumières, soit par leur caractère.

Mais ces députés, ces hommes influens, appartiennent à la nation *élisante;* en s'occupant d'élections, ils s'occupent de leurs affaires; en s'occu-

pant de la nomination des députés, ils ne font
qu'user du droit qu'il leur est assuré par la charte :
en est-il de même de vous ? Ils sont sur leur ter-
rein, êtes-vous sur le vôtre ? Et d'ailleurs, quelles
sont leurs armes ? quels sont leurs moyens ? La conviction, rien que la conviction ; ils ne sauraient en
avoir d'autres ; ils ne peuvent pas, comme vous,
ruiner ou enrichir certains électeurs ; ils n'ont point
de places à leur donner on à leur ravir ; ce ne sont
pas eux qui dressent les listes électorales, qui
biffent celui-ci, inscrivent celui-là ; ils ne peuvent
ni ajouter, ni retrancher un centime à la cote des
votans ; ils n'ont enfin qu'un moyen, et ce moyen,
avoué par la délicatesse et la morale, je l'ai nom-
mé, c'est la conviction. En est-il de même du ministère, et la corruption n'est-elle pas l'arme
avouée de ses agens ; car c'est employer la corruption que de dire : Faites ceci, je vous donnerai
cela ; ou, si vous ne le faites pas, tremblez, vous
serez signalé, destitué, révoqué. Le ministère ne
vient-il pas d'établir un principe que les employés
de l'Etat ne sont autre chose que d'aveugles Seïdes
obligés d'attendre, pour penser, de savoir com-
ment on pense à Paris ! Est-il permis à ces vingt
mille automates ministériels d'écouter leur conscience ? Que dis-je, leur conscience !.... Ils n'en
ont plus, elle est *affermée* au ministère pour
tout le temps pendant lequel ils conserveront leurs

places ; c'est le ministère lui-même qui, dans ses circulaires, réc mment publiées, a pris soin de nous l'annoncer.

Que le pouvoir se contente de l'immense avantage que lui donne une loi d'élection, si adroite-ment combinée dans l'intérêt du parti dominant, de la nomination des présidens, de son influence de conviction, et non de menaces sur ses employés, et alors ses travaux électoraux se réduiront à peu de choses, et lui laisseront tout le temps nécessaire pour vaquer à l'administration du royaume. L'opinion qui sera libre, amènera dans la chambre dss hommes librement choisis par elle ; la majorité sera nationale, et un ministère pris dans cette majorité, la conservera tant qu'il marchera avec elle, c'est-à-dire, avec la France.

Electeurs, la Providence en plaçant en vos mains la richesse à laquelle est attaché le droit électoral, vous a confié le sort de votre patrie, vous en répondez non-seulement à vos enfans, mais encore à tous ceux de vos compatriotes qui, moins heureux que vous, n'ont pas été favorisés par la fortune ; ce n'est donc pas seulement d'un droit que vous êtes appelés à jouir, c'est un devoir que vous devez remplir, et que vous seriez impardonnables de ne pas remplir avec courage et dignité... N'envoyez à la chambre que de sincères amis de nos libertés, de nos institutions, de la charte, en un mot... La charte ! vous savez ce que c'est, Electeurs; vous savez ce que vous compromettriez en apportant de la faiblesse ou de la négligence dans l'exercice du devoir électoral! La charte, c'est l'égalité des droits, la mort des privilèges, l'abolition du servage; ce sont nos lettres-patentes d'hommes libres; c'est le sol sur lequel reposent les trois cinquièmes des propriétés actuelles; c'est le jury, le vote de l'impôt..... Voyez maintenant ce que vous avez à faire; et si vous ne nous donnez pas les députés que la France réclame, ne vous plaignez pas des vexations et des injustices dont vous viendriez à être les victimes, vous n'obtiendrez pas même de la pitié....... Quand on ne sait rien supporter, rien entreprendre pour éviter les fers, on mérite de les porter.

Electeurs, gardez-vous d'exagérer les forces de vos adversaires, ils sont loin d'être aussi redoutables que vous le pensez peut-être; la discorde est au camp : le départ de M. de Montmorency, le renvoi de M. de Belhune, la suppression de la pastorale de M. de Clermont-Tonnerre, ont blessé au cœur le parti fanatique; le feu dort sous la cendre, mais il n'est pas éteint, il s'éveillera au jour des élections; car on ne pardonne jamais à ceux qu'on veut remplacer. Jusqu'à présent, le ministère n'a obtenu de succès qu'en se mettant à la suite de l'un des deux partis; seul, il ne saurait vous résister si vous êtes unis, et surtout si vous vous trouvez tous à votre poste. Honneur à l'homme, quelle que

soit sa couleur, qui conservera son indépendance ;
honte à celui qui vendaa sa conscience pour une
place, une promesse, un dîner, une caresse ou un
compliment. Rappelez-vous bien , Electeurs, rappelez-vous tous que ȷe ministère se vante d'être
« *l'héritier des doctrines de la ehambre introu-*
» *vable* » : rappelez-vous les observations du Jour-
nal des Débats, en faveur des majorats et du droit
d'aînesse ; rappelez - vous l'éloquente appologie
faite par M. de Châteaubriand , du système de
Ferdinand ; et si vous voulez une chambre ardente,
les majorats , le droit d'aînesse et le servilisme espagnol, croyez aux paroles ministérielles ; et votez
avec les ministres.

Après avoir vanté le bonheur que doit procurer
au ministère et à la chambre , la septennalité dé-
sirée ; M. de Chateaubriand veut bien adresser un
mot à *l'autre opposition* comme il l'appelle lui-
même , il cherche à lui prouver qu'elle doit également
ment faire des vœux pour le projet chéri.

» Si avec le renouvellement partiel , on a fait
» fausse route , nous dit l'écrivain officiel , s'il s'est
» formé une ligue entre le ministère et les dépu-
» tés, si un esprit de coterie s'est établi dans la
» chambre élective en faveur d'un pouvoir ou d'un
» système, *tout est perdu*, car le ministère ne serait
» pas assez sot pour briser l'instrument de sa corrup-
» tion. » Mais cette ligue n'a-t-elle pas été formée
souvent, toutes les fois que le ministère a eu,

la majorité , et n'a-t-elle pas été rompue toutes les fois que la majorité a abandonné le ministère ! mais si cette ligue peut se former malgré le renouvellement, à plus forte raison sans le renouvellement ; mais si la crainte d'une élection annuelle qui peut apporter des changemens dans la composition de la chambre, et à la rigueur, composer une nouvelle majorité dans deux ou trois ans ; si dis-je ; cette crainte n'arrête ni le ministère corrupteur, ni les complices corrompus, que sera-ce donc quand ils seront certains d'une existence calme et inviolable de sept ans ! si avec la septennalité , vous dirai-je moi-même, et certes, avec plus de vérité, si avec la septennalité, il se forme une ligue entre le ministère et les députés, si un esprit de coterie vient à s'établir dans la chambre septennale en faveur d'un pouvoir ou d'un système , *tout est perdu*, car le ministère n'ira pas briser l'instrument de sa corruption ; il ne restera à la France aucun espoir, il lui faudra subir le joug , car lorsque la chambre aura usé sans interruption pendant six sessions, du pouvoir dictatorial que le ministère veut partager avec elle, qui l'empêchera de prolonger son existence ? C'est en fait d'envahissement du pouvoir, qu'il est spécialement vrai de dire , qu'il n'est que le premier pas qui coûte ; la chambre trouvera la perpétuité là où elle aura trouvé la septennalité, dans l'arbitraire , dans cet arsenal de crimes, où la force distribue ses victimes , au fanatisme et à l'ambition. Faite aux habitudes du pouvoir, tremblant de rentrer dans le sein du pays qu'elle aurait trahi, la chambre septennale fera usage du pouvoir qu'elle se sera créé celui de se proroger. Il est dans la nature de chercher à prolonger son existence ; — Cette chambre aurait tort, au surplus de se gêner : elle pourra allonger sa durée sans augmenter ses remords, car je ne pense pas qu'il y ait plus de mal à prolonger son mandat de trente ans, qu'il n'y en a à l'augmenter de deux.

A entendre M. de Chateaubriand, le renouvellement annuel n'est qu'un *joug obscur* qui peut être *imposé par les plus petites gens* et n'a rien de cette servitude éclatante qui *console* en flétrissant...... et c'est un ministre du Roi qui parle ainsi de l'œuvre du Roi (1), le joug du renouvellement partiel imposé par *une main royale*, n'est plus qu'un joug obscur qui peut être imposé par *les plus petites gens* !...... La plus importante disposition du pacte qui contient nos institutions fondamentales, qui soutient la France nouvelle qu'on voudrait laisser retomber dans la France ancienne,

____

(1) Car la charte est bien toute entière l'œuvre du Roi qui l'a octroyée : elle a précédé le gouvernement constitutionnel qu'elle a fondé, et ne saurait comme les actes de ce gouvernement, être attribuée au ministère; le monarque en a seul, la gloire et la responsabilité.

cette disposition s'il faut en croire le ministre écrivain, a quelque chose *qui flétrit sans consoler......* mais ce système mesquin qui selon vous ne saurait être que l'œuvre *de petites gens*, ce système, dis-je, est celui de *l'éternel !* oui le renouvellement partiel est écrit dans toutes les pages du livre, ou l'auteur du génie du christianisme mieux que moi, doit savoir lire. Là point de saccades ; là tout, si j'ose m'exprimer ainsi, se fait goutte à goutte, le nuage rend lentement à la mer les eaux que la mer a lentement données au nuage ; la minute succède à la minute ; les générations en s'enlaçant sans cesse, semblent s'éterniser, le monde qui d'après le système *magnifique* du renouvellement intégral, mourrait une fois tous les vingt ans, le monde d'après le système *mesquin* du créateur, ne finit jamais, et la vie et la mort placées à ses deux extrémités pour assurer le renouvellement partiel, rejettent peu à peu les hommes, qui le composent...... Dieu n'aime pas les coups d'état...... ils sont contre nature, et quand on veut y recourir, il faut comme le font aujourd'hui nos ministres, calomnier et changer l'ordre naturel.

M. de Chateaubriand est optimiste, il ne voit ou du moins ne découvre que le bon côté de ce qu'il aime, que le mauvais de ce qui lui déplaît ; il se place toujours dans l'hypothèse la plus favorable au système qu'il désire faire prévaloir ; s'agit-il du renouvellement partiel, il suppose le pis aller ; s'il vante au contraire la septennalité, les hypothèses les plus riantes accourent en foule sous sa plume. S'il combattait comme naguères, la cause qu'il soutient maintenant, le mouvement électoral serait à ses yeux un signe de vie, et non de fièvre ; la septennalité ne serait pas le repos, mais la mort ; aujourd'hui il nous parle avec attendrissement du bonheur des députés qui se quitteront à la fin d'une session, avec la certitude de se revoir, au commencement de l'autre ; de la joie des ministres qui pourront travailler et dormir en paix sans songer sans cesse à ces éternelles et maudites élections ; il daigne même nous entretenir du bonheur du peuple auquel on pourra donner des lois discutées comme une thèse de collége, par une opposition désignée AD HOC, et votée ensuite à l'unanimité. Tout cela est admirable, j'en conviens, mais si le hasard, la fortune, l'avenir enfin trompent vos espérances, et désavouent vos combinaisons, s'il se *forme une ligue entre les députés et les ministres, si un esprit d'intrigue et de coterie s'établit dans la chambre septennale*, si de sa pleine autorité ou par des lois qui faussent de plus en plus la machine électorale, elle éternise son despotisme en s'éternisant elle-même ; que deviendra la France, que deviendront ses libertés, et par suite le bonheur que vous voulez bien lui promettre ! que si au contraire la chambre vous contrarie vous et vos successeurs ; que si la lutte vous apprendront à comprimer quelques ambitieux s'établit entre le ministère et les mandataires de la nation...... ne vous serez-vous pas livrés à un rève trompeur, en espérant la paix et le repos qui fiuiront loin de vous...... et les députés dans ce cas, seront-ils bien certains eux-mêmes, en se disant adieu, de se revoir? la crainte d'un troisième coup d'état ne fera-t-elle pas évanouir un espoir si légèrement conçu?

Pour moi je ne vois dans le projet proposé qu'un grand pas qu'on veut faire vers la contre-révolution; c'est le signal de destruction qu'on veut attacher à l'arche d'alliance, à notre charte.... Le ministre qui a considéré l'octroi de cette charte, comme une erreur, préside aux conseils du Roi, près de lui s'assied celui qui, comme je l'ai déjà dit, a vanté l'excellence du servilisme espagnol; ces ministres demandent une chambre introuvable, une chambre de 1815; ils veulent que cette chambre proroge ses pouvoirs, c'est-à-dire, qu'elle établisse que le principe de son existence réside en elle, et non dans la volonté des Electeurs qui l'ont créée, et par-là même qu'elle anéantisse le droit électoral et le Gouvernement représentatif...... Electeurs! prononcez.

Si j'abordais le Roi, Sire, lui dirais-je, le trône et le peuple en France, ont toujours fait cause commune; l'aristocratie s'agite; demandez à vos aïeux, ils vous indiqueront votre allié naturel; ils qui nous poussent sur la contre-révolution. Insensés! ils ignorent donc que la révolution est derrière ! Depuis trop long-temps, grands dieux ! vivrions-nouss en paix, et pourquoi ranimer ainsi le volcan qui s'endort à peine ! Ne souffrez pas, Sire, qu'on déchire dans votre charte la page de nos libertés ; car cette page touche à celle qui consacre vos droits et votre inviolabilité ; c'est ici la traînée de poudre, peu importe l'endroit qu'aborde la mèche, le résultat est le même..... il ne faut à l'homme qu'un exemple.... Les vieux édifices résistent aux siècles, ils ne résistent pas au premier coup de marteau..... Un instinct secret commande a l'homme un respect magique pour les *totalités ;* mais autant il tremble de commencer les ruines, autant il aime à les achever.

La monarchie, avec le système qu'on veut proscrire, a consolidé sa restauration ; elle a résisté aux secousses, suites nécessaires d'une longue tourmente ; elle a rétabli l'ordre dans les finances, elle s'est entourée d'une armée qui s'est noblement chargée de soutenir notre vieille gloire ; elle nous a placés dans une *veine de prospérités ;* que peut-on désirer de plus ? quel souhait peut encore former votre âme royale ? Et ne serait-ce pas tenter la Providence et mériter des revers, que d'abandonner, sous de vains prétextes, la route qui nous a conduites au faîte du bonheur ! Sire, le ministère veut rester en place, *quand même*.......... Tel est le secret de sa conduite.

PARIS. IMPRIMERIE DE GOETSCHY , RUE LOUIS-LE-GRAND.

9 782012 482227